LE PETIT LIVRE DE
L'AMOUR

PRESSES DU CHÂTELET

Citations réunies par Hélène Seyrès

Si vous souhaitez recevoir notre catalogue
et être tenu au courant de nos publications,
envoyez vos nom et adresse, en citant ce
livre, aux Presses du Châtelet,
4, rue Chapon, 75003 Paris.
Et pour le Canada, à
Édipresse Inc., 945, avenue Beaumont,
Montréal, Québec, H3N 1W3.

ISBN 2-911217-54-3

Il n'est point pour l'homme affligé
de remède aussi puissant
que le cœur aimant d'une épouse.

Le Mahābārata

Marie, qui voudrait votre nom retourner,
Il trouverait Aimer ; aimez-moi donc,
                                    [Marie ;
Votre nom de nature à l'amour vous
                                    [convie,
Il faut votre jeunesse à l'amour adonner.

Pierre de Ronsard

L'univers se partage aujourd'hui en deux moitiés pour moi; l'une, qu'*elle* remplit toute seule, et là est le bonheur, la lumière, l'espérance; l'autre, où *elle* n'est pas, et là règnent la désolation et les ténèbres...

Léon Tolstoï

Il s'approcha en tremblant et en admirant, et se mit à genoux auprès d'elle. Alors, comme la fin de l'enchantement était venue, la Princesse s'éveilla et, le regardant avec des yeux plus tendres qu'une première vue ne semblait le permettre : « Est-ce vous, mon prince ? lui dit-elle. Vous vous êtes bien fait attendre. » Le Prince, charmé de ces paroles, l'assura qu'il l'aimait plus que lui-même.

Charles Perrault

A quoi penses-tu
Je pense au premier baiser
que je te donnerai...

Paul Éluard

La sagesse n'est pas dans la raison,
mais dans l'amour.

André Gide

Amour, feu sous la glace et froide face,
Amour, agréable souffrance et doux souci,
Amour, suave peine et nécessaire mal,
Amour, éternel conflit, inaccessible paix.

Pic de la Mirandole

Lorsqu'il se tient auprès de sa mie, plus il est ardent à l'aimer ; car, ainsi que le savent bien les sages et les sots, plus on est proche du feu, plus on brûle.

Guillaume de Lorris

Combien les femmes amoureuses
sont plus intelligentes
que les hommes de caractère !

Robert Musil

Cet amour tout entier
si vivant encore
et tout ensoleillé
c'est le tien
c'est le mien.

Jacques Prévert

Il y eut un temps où je m'apercevais que j'étais amoureux d'une femme à l'incapacité où je me trouvais de me rappeler les traits de son visage.

Michel Leiris

Viens, courtise-fleur,
sur le pont de l'hirondelle,
mon doux cœur !

Rafael Alberti

L'amour ne donne rien qui ne vienne de lui
L'amour ne retire rien qui ne soit en lui
L'amour ne captive pas davantage qu'il n'est
[captivé
Car l'amour ne vit que dans l'amour.

Khalil Gibran

Relevez un mets d'une pincée d'amour :
il saura plaire à tous les palais.

Plaute

L'amour a son instinct, il sait trouver le chemin du cœur comme le plus faible insecte marche à sa fleur avec une irrésistible volonté.

Honoré de Balzac

Amour est une volonté perpétuelle
En un cœur d'amant épris de l'amour d'une
[dame ;

Désir en est la douce saveur
Et Espérance en est le vrai plaisir.

Adam de la Halle

Aimer n'est rien, il faut être aimé !
L'amour solitaire n'est pas digne
de son nom.

Lope de Vega

Il est difficile de définir l'amour. Ce que l'on en peut dire est que dans l'âme, c'est une passion de régler, dans les esprits, c'est une sympathie, et dans le corps, c'est une envie cachée et délicate de posséder ce que l'on aime après beaucoup de mystères.

La Rochefoucauld

L'amitié est l'amour qui a perdu ses ailes.

Lord Byron

Le cœur qui suit l'impulsion des passions
entraîne la raison comme les vagues
emportent la barque au milieu de l'océan
en fureur.

Le Bhaguat Geeta

Rien ne m'enchante
Comme une voix d'oiseau qui sous la
[feuillée chante ;
Rien n'est plus doux !... mais qu'ai-je dit ?
[Oh ! non,
Bien plus doux encore est ton nom.

Catulle

J'ai perdu tout le temps
que j'ai passé sans aimer.

Le Tasse

Les femmes vont plus loin en amour que la plupart des hommes ; mais les hommes l'emportent sur elles en amitié.

La Bruyère

Anneau, toi qui vas ceindre le doigt de ma belle maîtresse, toi qui n'as d'autre prix que l'amour de celui qui te donne, va et sois pour elle un présent agréable; puisse-t-elle te recevoir avec plaisir et te mettre sur-le-champ à son doigt ! Sois fait pour elle, comme elle pour moi; et que ton cercle embrasse juste son doigt, sans la blesser. Heureux anneau !

Ovide

L'amour ne connaît ni pauvres ni riches.

Jonathan Swift

L'amour conjugal assure au genre humain l'immortalité en rallumant sans cesse par de nouvelles naissances les flambeaux de nos vies qui s'éteignent.

Plutarque

Comme deux oiseaux volant du même vol,
ils s'unirent d'un serment
qui n'était pas léger.

Anonyme (Japon)

Maîtresse, embrasse-moi, baise-moi,
[serre-moi,
Haleine contre haleine, échauffe-moi
[la vie,
Mille et mille baisers donne-moi, je te prie.
Amour veut tout sans nombre, amour
[n'a point de loi.

Pierre de Ronsard

En cette entreprise amoureuse
Que l'amour soutient,
Pour trouver meilleure fortune
Je serai aussi honnête que belle...

Cervantès

Elle me parut si charmante que moi, qui n'avais jamais pensé à la différence des sexes ni regardé une fille avec un peu d'attention, moi, dis-je, dont tout le monde admirait la sagesse et la retenue, je me trouvais enflammé tout d'un coup jusqu'au transport.

Abbé Prévost

Il n'y a qu'une sorte d'amour,
mais il y en a mille différentes copies.

La Rochefoucauld

L'amour a ébranlé mon cœur,
tel un vent de montagne
s'abattant sur les chênes.

Sappho

Mon ami, je souffre, je vous aime
et je vous attends.

Julie de Lespinasse

Notre liaison avec les femmes est fondée sur le bonheur attaché au plaisir des sens, sur le charme d'aimer et d'être aimé, et encore sur le désir de leur plaire... Ce désir général de plaire produit la galanterie, qui n'est point l'amour, mais le léger, le perpétuel mensonge de l'amour.

Montesquieu

Qui veut tenir tête à l'Amour, qui prétend, comme un lutteur, en venir aux mains avec lui, témoigne de bien peu de sens.

Sophocle

Doutez que les étoiles ne soient de flamme,
Doutez que le soleil n'accomplisse son tour,
Doutez que vérité ne soit menteuse infâme,
Mais ne doutez jamais de mon amour.

William Shakespeare

L'amour est enfant de Bohême,
Qui n'a jamais, jamais connu de loi ;
Si tu ne m'aimes pas, je t'aime,
Et si je t'aime, prends garde à toi.

d'après Prosper Mérimée

La vie est un sommeil,
l'amour en est le rêve
Et vous aurez vécu si vous avez aimé.

Alfred de Musset

J'étais un enfant et elle était une enfant, dans ce royaume près de la mer ; mais nous nous aimions d'un amour qui était plus que l'amour, moi et mon Annabel Lee ; d'un amour que les séraphins ailés des cieux nous enviaient, à elle et à moi.

Edgar Poe

Un baiser, mais à tout prendre, qu'est-ce ?
Un serment fait d'un peu plus près,
                                    [une promesse
Plus précise, un aveu qui veut se confirmer,
Un point rose qu'on met sur l'*i* du verbe
                                    [aimer.

Edmond Rostand

Je suis aussi à l'aise dans cet amour qu'une étoile dans sa constellation. J'y gravite, j'y scintille ; c'est ma façon à moi de respirer et d'étreindre.

Jean Giraudoux

Aimons sans penser... Si on ne pensait pas, on serait toujours heureux... Celui qui aime n'a pas besoin de savoir qu'il aime ni ce qu'est l'amour, ni même de penser l'amour.

Fernando Pessoa

Le centre de toute bonté
et de toute joie est l'amour.

Herman Hesse

Je ne parlerai pas, je ne penserai rien :
Mais l'amour infini me montera
                         [dans l'âme,
Et j'irai loin, bien loin, comme un
                         [bohémien,
Par la Nature, – heureux comme avec
                         [une femme.

Arthur Rimbaud

Quelle libération peut-on comparer à celle de l'amour ? L'amour est la seule chose qui donne un sens à nos allées et venues.

Malcolm Lowry

Il n'y a qu'un seul amour dans ce monde. Étreindre un corps de femme, c'est aussi retenir contre soi cette joie étrange qui descend du ciel vers la mer.

Albert Camus

Mieux vaut souffrir d'avoir aimé
que souffrir de n'avoir jamais aimé.

proverbe allemand

Tout homme doit honorer l'Amour ; j'honore moi-même ce qui relève de lui, je m'y adonne plus qu'à tout... Maintenant et à jamais, je loue la force de l'Amour et sa vaillance, autant qu'il est en mon pouvoir.

Platon

Ôtez l'amour de la vie,
vous en ôtez les plaisirs.

Molière

Je t'ai aimée, je t'ai aimée, pour tes yeux,
tes lèvres, ta gorge, ta voix…
Je t'ai aimée comme ma furie, mon destin
furieux, mes ténèbres sans aube, ma lune
broyée.

Vicente Aleixandre

Pour elle, l'amour c'était ça et rien d'autre !
Un peu d'écume sur l'eau courante, voilà
ce qu'un baiser ardent pouvait créer.

Lao She

Ah ! qu'ils s'aimèrent tendrement ; leurs âmes se baisèrent, leurs yeux se baisèrent, ils ne furent bientôt plus qu'un seul et même baiser.

Henri Heine

La vie ne vaut d'être vécue
Sans amour.

Serge Gainsbourg

Leurs bouches se rencontrèrent, leurs yeux s'enflammèrent, leurs genoux tremblèrent, leurs mains s'égarèrent...

Voltaire

Ah ! son baiser ! Mon cœur se serre à son approche ! ah ! Que ne puis-je le saisir et le retenir pour toujours ! Et l'embrasser à mon envie ! Et finir mes jours sous ses baisers !

Goethe

Ah ! les premières fleurs, qu'elles sont
[parfumées !
Et qu'il bruit avec un murmure charmant
Le premier oui qui sort des lèvres
[bien-aimées !

Paul Verlaine

Il se rencontre un jour... un jour, tout à coup, et quand on désespérait. Alors, des horizons s'entrouvrent, c'est comme une voix qui s'écrie : « le voilà ! » Vous sentez le besoin de faire à cette personne la confidence de votre vie, de lui donner tout, de lui sacrifier tout ! On ne s'explique pas, on se devine. On s'est entrevu dans ses rêves.

Gustave Flaubert

L'amour est, par essence,
un brasier spirituel.

Emanuel Swedenborg

Un vieillard amoureux
est comme une fleur en hiver.

proverbe chinois

La femme est pour l'homme l'objet le plus touchant de la nature. Sans cette compagne de sa destinée, l'homme possesseur de la nature entière serait pauvre, solitaire et triste.

Denis Diderot

Il faut s'aimer, et puis il faut se le dire,
et puis il faut se l'écrire, et puis il faut
se baiser sur la bouche, sur les yeux,
et ailleurs.

Victor Hugo

J'étais à toi peut-être avant de t'avoir vu.
Ma vie, en se formant, fut promise à la
[tienne ;
Ton nom m'en avertit par un trouble
[imprévu
Ton âme s'y cachait pour éveiller la
[mienne.

Marceline Desbordes-Valmore

Je suis perdu, vois-tu, je suis noyé, inondé d'amour ; je ne sais plus si je vis, si je mange, si je respire, si je parle ; je sais que je t'aime.

Alfred de Musset

Elle a, dans ses beaux yeux, l'Amour
                        [et son empire,
Aussi tout s'ennoblit sous son regard
                        [vainqueur,
Passe-t-elle ? Chacun se détourne
                        [et l'admire ;
Vous fait-elle un salut ? On sent trembler
                        [son cœur.

Dante Alighieri

Je dis que notre espèce peut être heureuse
si nous menons l'amour à son terme, et si
chacun de nous rencontre le bien-aimé qui
est le sien.

Platon

Depuis quelque temps, je sens ma poitrine agitée ; mon cœur palpite au seul aspect d'une femme ; les mots *amour* et *volupté* le font tressaillir et le troublent. Enfin, le besoin de dire à quelqu'un « je vous aime » est devenu pour moi si pressant que je le dis tout seul, en courant dans le parc, à ta maîtresse, à toi, aux autres, aux nuages, au vent qui les emporte avec mes paroles perdues.

Beaumarchais

Le cœur a ses raisons
que la raison ne connaît point.

Blaise Pascal

Que sont toutes les actions et les pensées des hommes durant des siècles contre un seul instant d'amour?

Friedrich Hölderlin

Aimer, c'est n'avoir plus droit au soleil de tout le monde. On a le sien.

Marcel Jouhandeau

Qui t'a dit qu'il n'existait pas, en ce bas monde, de véritable, de fidèle, d'éternel amour ? Qu'on coupe à ce menteur sa langue scélérate !

Mikhaïl Boulgakov

Allons-nous cueillir en passant la fleur
d'un jour pour gâcher à jamais l'amour
de toute une vie ?

proverbe vietnamien

Une jeune fille qui aime croit que tout le monde l'ignore. Elle met sur ses yeux le voile qu'elle a sur son cœur ; mais, quand il est soulevé par une main amie, alors les peines secrètes de son amour s'échappent comme par une barrière ouverte.

Bernardin de Saint-Pierre

Baiser d'amour, de beauté, de jeunesse
Où va des sens chaque fibre aboutir ;
Dont on ne sait complètement jouir
Qu'aux temps heureux de la première
ivresse...

Lord Byron

Jusqu'à maintenant, on n'a jamais
dit de l'amour qu'une seule vérité
indiscutable, à savoir que
« ce mystère est moult ténébreux. »

Anton Tchekhov

L'Homme est Dieu !
Mais l'Amour, voilà la grande Foi !

Arthur Rimbaud

L'anneau se met à l'annulaire
Après le baiser des aveux
Ce que nos lèvres murmurèrent
Est dans l'anneau des annulaires
Mets des roses dans tes cheveux.

Guillaume Apollinaire

Savez-vous bien ce que c'est qu'aimer ?
C'est mourir en soi
pour revivre en autrui.

Honoré d'Urfé

Se laisser aimer, c'est aimer déjà.

Henry de Montherlant

L'amour est un fleuve où les eaux de deux rivières se mêlent sans se confondre.

Jacques de Bourbon-Busset

L'amour supplée aux longs souvenirs par une sorte de magie. Toutes les autres affections ont besoin du passé : l'amour crée, comme par enchantement, un passé dont il nous entoure.

Benjamin Constant

L'amour est le seul rêve
qui ne se rêve pas.

Paul Fort

L'amour, dans l'anxiété douloureuse comme dans le désir heureux, est l'exigence d'un tout. Il ne naît, il ne subsiste que si une partie reste à conquérir. On n'aime que ce qu'on ne possède pas tout entier.

Marcel Proust

Toute pensée qui n'est pas chargée
d'amour est impie.

André Gide

Isolés dans l'amour ainsi qu'en un bois noir,
Nos deux cœurs, exhalant leur tendresse
[paisible,
Seront deux rossignols qui chantent dans
[le soir.

Paul Verlaine

Baise m'encor, rebaise-moi et baise ;
Donne-m'en un de tes plus savoureux ;
Donne-m'en un de tes plus amoureux ;
Je t'en rendrai quatre plus chauds
                              [que braise.

Louise Labé

Si tu veux être aimé, aime et sois aimable.

Benjamin Franklin

L'amour est la sagesse du fou
et la déraison du sage.

Samuel Johnson

Je l'aimais tant que, pour la voir sans cesse, pour mieux la suivre du regard, j'aurais fait poser partout une infinité de glaces de Venise.

Paul Morand

Cette voix lointaine et douce qui m'appelle, c'est mon amour caché qui chante dans mon cœur.

Marcel Pagnol

Si j'ai aimé de grand amour,
Triste ou joyeux,
Ce sont tes yeux ;
Si j'ai aimé de grand amour,
Ce fut ta bouche grave et douce,
Ce fut ta bouche.

Henri de Régnier

On a tant à se dire quand on s'aime,
et des choses si spirituelles
qu'on ne peut que les écrire !

Paul Léautaud

Il regarda sa bouche entrouverte, elle étendit les bras vers lui et l'attira doucement à elle, et leurs lèvres se touchèrent. Il se redressa; la pensée le traversa que c'était le premier baiser de sa vie.

Hugo von Hofmannsthal

Qu'y a-t-il donc pour moi sur terre ?
Est-ce qu'on peut vivre sans amour ?

Max Jacob

Ses lèvres, Juan se l'était souvent répété, étaient comme deux très petits et très doux coussins rouges – quoique le mot coussin leur convînt assez mal, car il s'agissait indubitablement des lèvres les plus délicates du monde.

Francis Scott Fitzgerald

L'amour est-il autre chose que cela
qui vous éveille et vous engourdit ?

Jean Genet

Vos yeux ont des appâts que j'aime et
                                    [que je prise,
Et qui peuvent beaucoup dessus ma
                                    [liberté ;
Mais pour me retenir, s'ils font cas de ma
                                    [prise,
Il leur faut de l'amour autant que de
                                    [beauté.

Malherbe

L'amour a toujours été pour moi la plus grande des affaires, ou plutôt la seule. Jamais je n'ai eu peur de rien que de voir la femme que j'aime regarder un rival avec intimité. J'ai très peu de colère contre le rival : il fait son affaire, pensè-je, mais ma douleur est sans bornes et poignante.

Stendhal

Quand on aime, on veut faire quelque chose pour ce qu'on aime. On veut se sacrifier, servir.

Ernest Hemingway

Là où on s'aime, il ne fait jamais nuit.

proverbe rundi

L'amour n'est qu'un point lumineux et, néanmoins, il semble s'emparer du temps. Il y a peu de jours qu'il n'existait pas, bientôt, il n'existera plus ; mais, tant qu'il existe, il répand sa clarté sur l'époque qui l'a précédé, comme sur celle qui doit le suivre.

Benjamin Constant

Tout l'univers obéit à l'Amour :
Belle Psyché, soumettez-lui votre âme....
Des jeunes cœurs, c'est le suprême bien :
Aimez, aimez : tout le reste n'est rien.

La Fontaine

Il est une chose que nous aimons
par-dessus tout : être amoureux.

William Thackeray

J'ai parlé de l'amour avant toi, mais je ne sais pas ce que c'est. Je sens que je pourrais être assassin, voleur et incendiaire.

Marcel Schwob

Tout à coup, elle posa les rames et entoura le garçon de ses bras. Cet instant dura une bienheureuse éternité. Le canot voguait sur un fleuve enchanté que Gustave ne voyait plus : ses paupières étaient fermées de bonheur.

Franz Hessel

Ce qu'on appelle l'amour, c'est l'exil avec, de temps en temps, une carte postale du pays, voilà mon sentiment ce soir.

Samuel Beckett

Vous ayant dit ce matin que je vous aimais, ma voisine d'hier soir, j'éprouve maintenant moins de gêne à vous l'écrire.

Guillaume Apollinaire

C'était le jour béni de ton premier baiser...

Stéphane Mallarmé

Sans l'amour, rien ne reste d'Ève ;
L'amour, c'est la seule beauté ;
Le ciel, bleu quand l'astre s'y lève,
Est tout noir, le soleil ôté.

Victor Hugo

L'amour qui ne ravage pas
n'est pas l'amour.

Omar Khayyam

Leur baiser dura trois longs boléros, l'un de quatre minutes, le second de trois minutes vingt secondes, et le troisième de quatre minutes virgule trente-trois secondes.

Zoé Valdès

Oui, cela, c'est de l'amour ;
c'est un amour qui ne peut être simulé.

Joyce Carol Oates

Ils causèrent de cette voix murmurée qui continue d'unir, dans l'anéantissement heureux d'après l'amour, les amants rendus à leurs corps.

Maurice Genevoix

« Filer le parfait amour », cette expression me poursuivait ; j'entendais un son exquis, commencé *piano* et prolongé jusqu'au *forte*, l'étirement d'une longue corde d'or et de soie, tendue à se rompre.

Paul Morand

Quand l'amour à vos yeux offre un choix
                              [agréable,
Jeunes beautés, laissez-vous enflammer ;
Moquez-vous d'affecter cet orgueil
                              [indomptable
Dont on vous dit qu'il est beau de s'armer.
Dans l'âge où l'on est aimable.
Rien n'est si beau que d'aimer.

Molière

Aimer, ce n'est point nous regarder l'un l'autre, mais regarder ensemble dans la même direction.

Antoine de Saint-Exupéry

J'éprouve un sentiment étrange envers vous, surtout lorsque vous êtes près de moi, comme en cet instant ; c'est comme si un lien, solidement rivé sous mes côtes gauches, partait se nouer en un nœud inextricable au même endroit de votre frêle personne.

Charlotte Brontë

Tout objet aimé est le centre d'un paradis.

Novalis

Je fais souvent ce rêve étrange et pénétrant
D'une femme inconnue, et que j'aime et qui
[m'aime,
Et qui n'est, chaque fois, ni tout à fait la
[même
Ni tout à fait une autre, et m'aime, et me
[comprend.

Paul Verlaine

Il n'y a pas d'amour ;
il n'y a que des preuves d'amour.

Jean Cocteau

Pour toi mon amour,
Je suis allé au marché aux oiseaux
Et j'ai acheté des oiseaux
Pour toi
Mon amour...

Jacques Prévert

L'amour préfère ordinairement
les contrastes aux similitudes.

Honoré de Balzac

L'amour a un caractère si particulier
qu'on ne peut le cacher où il est,
ni le feindre où il n'est pas.

Marquise de Sablé

L'amour épure les pensées
et élargit le cœur.

John Milton

Voyez, dans le pays le plus pauvre, le plus pauvre paysan, condamné au travail: eh bien! le soleil de l'amour, qui luit pour tout le monde, lui prête un de ses rayons pour éclairer sa nuit.

Richard B. Sheridan

Amour, amour, séduisante folie !...

Évariste de Parny

Là où luit le jour, les caméléons
                [changent de teinte,
Là où n'est plus l'amour, les poètes
                [changent leur plainte.

Shelley

Aimer, oui, car l'amour est une inépuisable source de réflexions, profondes comme l'éternité, hautes comme le ciel, vastes comme l'univers.

Alfred de Vigny

Elle vous aimait plus qu'elle ne vous pensait capable de l'aimer. Et il lui a semblé qu'après avoir eu son moment de bonheur, vous laisser libre était la façon la plus tendre de le montrer.

Henry James

C'est l'amour qui m'ordonne
de l'accompagner,
L'amour ardemment désiré.

Friedrich Nietzsche

Quand une femme est pour vous l'être d'élection, de charme constant, de séduction infinie que vous êtes pour moi, la caresse devient le plus ardent, le plus complet et le plus infini des bonheurs.

Guy de Maupassant

Je vous aimerai toujours parce que vous serez toujours digne d'amour. Nous devons aimer ce qu'il y a de plus élevé quand nous le voyons.

Oscar Wilde

Certaines amours intenses durent,
il est vrai, toute une vie et au-delà.
Moi, je sais un amour qui a duré un mois
et qui pourtant fut véritable.

Umberto Saba

Celui a qui l'amour a donné la vie
ne mourra jamais.

Mohammed Hafiz

On sait bien que l'amour est un coursier fougueux, écumant, même quand il reste immobile, parcouru de frissons.

Robert Musil

L'amour ? Une indulgence infinie, un ravissement pour de petites choses, une bonté involontaire, un complet oubli de soi-même.

Jacques Chardonne

Va mon baiser, quitte le frêle gîte,
Ton amour est trouvé,
Un bouleau te le tend.
La résine d'été et la neige d'hiver
Ont pris garde.

René Char

Elle m'aime ! Elle m'aime !
Combien je me deviens cher à moi-même,
combien... combien je m'adore
depuis qu'elle m'aime !

Goethe

Durant tout ce temps-là, j'avais continué d'aimer Dora plus que jamais. Plus le monde me semblait rempli de déceptions et de peines, plus l'étoile de Dora s'élevait pure et brillante au-dessus du monde...

Charles Dickens

L'amour, croyait-elle, devait arriver tout
à coup avec de grands éclats et des fulgu-
rations – ouragan des cieux qui tombe sur
la vie, la bouleverse, arrache les volontés
comme des feuilles et emporte à l'abîme le
cœur entier.

Gustave Flaubert

Le premier baiser de sa vie – un baiser profond, les yeux fermés – avait éveillé au fond de lui une résonance aiguë dont il ne comprit pas tout de suite l'origine.

Vladimir Nabokov

Tout amour contient un abîme
qui est le Plaisir.

Pierre-Jean Jouve

Mystère et délice des voix aimées !
Elles ennoblissent les mots les plus
insipides, elles donnent à la langue
une fraîcheur nouvelle.

Julien Green

Tu me demandes pourquoi tu m'aimes;
mais tout ce qui a été élevé ensemble
s'aime. Vois nos oiseaux, élevés dans les
mêmes nids : ils s'aiment comme nous; ils
sont toujours ensemble comme nous.

Bernardin de Saint-Pierre

En amour, un silence vaut mieux qu'un langage ; il est bon d'être interdit. Il y a une éloquence de silence qui pénètre plus que la langue ne saurait faire.

Blaise Pascal

Aimer, inventer, admirer, voilà ma vie.

Alfred de Vigny

Ainsi, l'humanité subissant,
à travers les âges, l'enchantement
du mystérieux Amour,
palpite à son seul nom sacré.

Villiers de l'Isle-Adam

Soudain, je fus ébloui par un visage étroit, celui d'une fille brune aux yeux très noirs, au sourire radieux... J'avais à l'époque la tête pleine de romans et de poèmes. J'étais prêt à succomber à ce tourment que les poètes appellent l'amour.

Isaac Bashevis Singer

Si ce n'est toi qui m'aimes,
je ne serai pas aimé; si ce n'est toi
que j'aime, je n'aimerai pas.

Samuel Beckett

Ce n'est pas le premier amour
qui compte, ni le second, ni le dernier.
C'est celui qui a mêlé deux destinées
dans la vie commune.

Jacques Chardonne

Il n'est de grand amour
qu'à l'ombre d'un grand rêve.

Edmond Rostand

Aimer est un mauvais sort comme ceux qu'il y a dans les contes, contre quoi on ne peut rien jusqu'à ce que l'enchantement ait cessé.

Marcel Proust

Voici des fruits, des fleurs, des feuilles et
[des branches
Et puis voici mon cœur, qui ne bat que
[pour vous.
Ne le déchirez pas avec vos deux mains
[blanches
Et qu'à vos yeux si beaux l'humble présent
[soit doux.

Paul Verlaine

Quand d'un baiser d'amour
votre bouche me baise,
Je suis tout éperdu,
tant le cœur me bat d'aise.

Ronsard

L'amour est aveugle
pour que les amoureux ne puissent voir
Les douces folies qu'ils commettent.

William Shakespeare

Une vie sans amour est comme une année
sans printemps.

proverbe suédois

Cet ouvrage composé
par D.V. Arts Graphiques à Chartres
a été achevé d'imprimer par
Brodard et Taupin
à La Flèche (Sarthe)
en mai 1999 pour le compte des Presses du Châtelet

Imprimé en France
N° d'édition : 54 – N° d'impression : 1578W
Dépôt légal : mai 1999